La Mama i la Mami somien amb una Cuca de Llum

Judit Franch

Publicat per Liberum Vox Books

Projecte i realització: Liberum Vox Books
Text i il·lustracions: Judit Franch
Traducció del castellà al català: Marina Roig
©2017 per a l'edició en català Liberum Vox Books
www.liberumvoxbooks.com

Primera edició
ISBN: 978-1-910650-08-0

Tots els drets reservats. Cap part d'aquesta publicació pot ser reproduïda, emmagatzemada o transmesa de cap manera ni mitjà, sense l'autorització prèvia de l'editor.

*Per a la
Cuca de Llum
que il·lumina
els cors de
la mama i la mami*

Van somiar
en compartir
moltes coses que,
mica en mica,
es van anar
fent realitat.

Pel matí, la Mama es va despertar molt contenta i li va dir a la Mami:
—Saps què he somiat?
I la Mami li va respondre:
—En una cuca de llum que vol convertir-se en un nadó!
—Hem tingut el mateix somni!— va dir la Mama rient d'alegria.
—Em sembla que ha arribat el moment que siguem mares— va afegir la Mami amb un gran somriure de felicitat.

Però llavors van pensar:
"Com podrem aconseguir-ho?".
Perquè per a fer un nadó cal unir dues parts...

Una que es diu òvul (procedent de les dones) i una altra que es diu espermatozoide (procedent dels homes).

Ah! I també cal una panxa on s'allotjarà el nadó durant nou mesos.

Llavors la Mama va recordar un article que havia llegit al diari sobre un doctor que ajudava a les mares a tenir el seu nadó. De seguida van buscar a Internet la direcció del doctor i van demanar una cita.

La Mama i la Mami van anar a visitar al doctor i li van explicar que hi havia una Cuca de Llum que es volia convertir en un nadó i que no sabien com fer-ho.

El doctor els hi va dir que allò no era cap problema perquè hi havia un lloc, el Banc de Semen, on els homes donants deixaven les seves llavors (espermatozoides) per a les mares que les necessitessin. I després va afegir: "Estic segur que trobarem la llavor adequada per a aquesta Cuca de Llum tant insistent".

Era el doctor que els avisava que les anàlisis havien sortit bé i que la Sra. Biòloga tenia guardada en el Banc de Semen una llavor (espermatozoide) que era perfecte per a aquella Cuca de Llum.

Ring! Ring!

Els cors de la Mama i la Mami van donar un salt d'alegria.

Estaven molt nervioses, emocionades i felices!

Quan van tornar a visitar al doctor, aquest els hi va explicar que hi ha diverses maneres per a unir un òvul amb un espermatozoide.

A això ho anomenem fecundació.

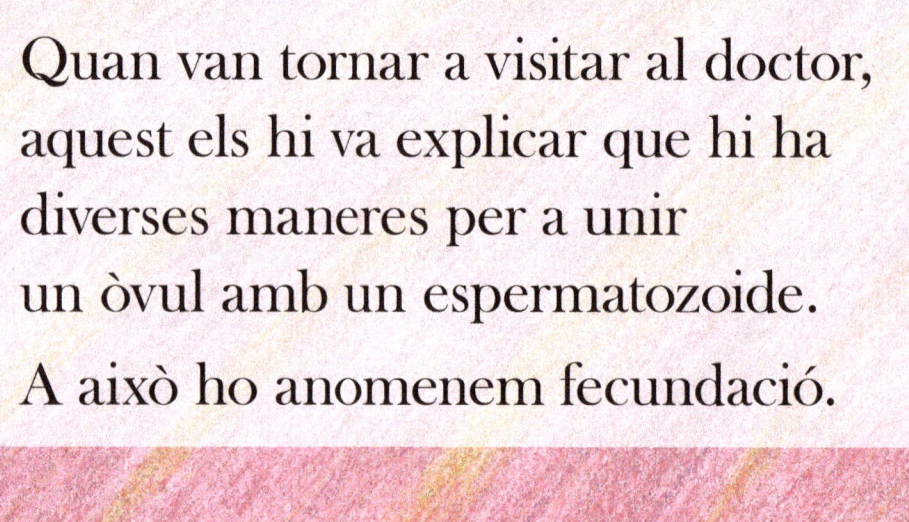

També els hi va explicar que, si tot sortia bé, es formaria un zigot que s'allotjaria a la panxa de la Mama o de la Mami i que allà creixeria durant nou llargs mesos...

Fins que neix un nadó!

I què va passar amb la Cuca de Llum?

Doncs...

Fi